民 · 国 · 人 · 物 · 传 · 记 · 丛 · 书

People · History

丛书编委会（按姓氏笔画排）

川岛真（日本）　吕芳上（中国台湾）　张玉法（中国台湾）

张宪文（中国）　陈红民（中国）　陈谦平（中国）

杨天石（中国）　裴京汉（韩国）

Chiang Ching-kuo and his family

蒋家私房照

秦风　万康　编著

ZHEJIANG UNIVERSITY PRESS
浙江大学出版社　｜　全国百佳图书出版单位

序 言

　　海峡两岸绝大多数人都不知道：孙中山遗嘱不止一份，而是三份。这三份遗书分别给：宋庆龄、中国革命同志以及伟大的苏维埃领袖。第一份充满爱与信仰；第二份为台湾同胞所耳熟能详，甚至能够背诵；第三份则代表他晚年思想与弹性的政策，对当时世人极具吸引力的苏维埃共产革命的肯定、羡慕，甚至激赏。

　　当孙中山已经罹患肝癌的那几年，虽然无法掌权，但是，他的声望已经达到最高峰。这时的他，正好积极提倡联俄与容共：

　　首先，孙中山主张以俄为师，并且公开表态，甚至在去世之前，还留下遗书，给伟大的苏维埃领袖。要求当时看起来革命"成功"的俄国，来帮助中国革命。

　　其次，1924年孙中山也容许共产党员以个人身份加入国民党。这是国共第一次的合作。孙中山"联俄"与"容共"的想法，都在青壮年的蒋介石以及少年蒋经国父子俩脑中，留下深刻印象。但是，反应不同：前者明显不接受；后者则在留学苏俄时，不只接受，还产生正面作用——要申请成为共产党员。

对于是否"联俄"与"容共"，国民党内部也有不同意见。而且在孙的晚年，领导班子已经从第二代的支持社会主义式三民主义，要进入第三代支持自由主义式的阶段。孙中山去世前，蒋介石已决意反共，党内成员也因上述意识形态差异而开始决裂。去世之后，掌握军权的少壮派系，又进一步明白必须反对国共合作。国共之间的整个关系，正快速恶化与表面化。在重要党人群起要求下，总司令蒋介石在北伐进行到一半的时候，竟然停下来不前进，改而推动血腥杀戮式的"清党"。他要先将党内中共分子整个清剿掉，之后再行北伐。

当然，中国共产党的成员，自不可能被完全清除。而先攘外或先安内？立即成为争议的重点。无独有偶，此时国际风云又起：日本已经公然展开政治、军事与经济的侵华活动。

总之，从蒋介石实质接棒，掌握军权开始，到全面掌权领导，虽然在采取联美政策的同时，一度采用既寻求奥援又防范苏联的策略，但在日本推波助澜下，国共表面合作，实际上势不两立。蒋的反共之心一直没有改变。但是他的高明也在这里：竟将长子经国派到其内心极为反对的苏联去留学。

俟第二次世界大战结束，台湾光复，蒋介石一系与中共的斗争再度表面化，苏联也公开支持中国共产党，结果风云变色，大陆易帜，共产党在大陆各省击败国民党，成功地建立新政府，蒋则败退台湾。此后，他干脆宣布"反共抗俄"，以既抓"匪谍"，又出版《苏俄在中国》等许多方式，强烈抨击苏联，来度过他的晚年。因此，蒋介石的反苏与反共，其实是一贯的：前后超过五十年，而且反的程度似乎越来越强烈。

在这些剧烈的变迁当中，留俄归来，又娶俄国妻子的蒋经国，身处越来越反共反苏的蒋介石政权里，就很为难。蒋经国所面对的父亲、中国国民党以及整个局势，不止口头上完全反共与抗俄，更须全面都进入力行的局面，从1935年娶妻，到1988年去世，这前后长达54年，他到底要如何应"变"呢？

本书给了答案，而且答案的内容，竟然令人跌破眼镜：蒋家祖孙三代之间的私密关系，用今天的俚语来说，真是"好到不行"。其实，这些照片的内涵，与当时的中国政局，特别是国民党政权播迁之后台湾的局面，有极不对称且尖锐，甚至反讽的意义。特别是担任白色恐怖时期情治头子，铁着心肠，猛抓所谓"匪谍"的蒋经国，如何处理他的俄籍妻子与大唱"反共抗俄"的父亲之间的关系？这个问题，任何人设身处地都会觉得很难解，因为，它基本上是个死结。

但是，事实刚好相反。

两位编者既大胆，复果断，又非常有心地用照片以及旁白，告诉读者：两蒋，特别是儿子蒋经国怎么呼应这个非常尴尬的，既是革命，又只是过渡的时代。他们在本书中，有计划地收集与揭露蒋氏家庭内部，从20世纪20年代中国处于巨变的时期开始，一直不曾广泛曝光的鲜为人知的许多私生活。这些私生活的内容，既给了关心中国现代史的读者答案，也给了求知者研究这个问题极重要的素材。从一张一张的照片，读者可以亲眼看到蒋经国似乎将家内的关系处理得非常好。

当然，更有历史知识的读者，如果能扣紧时代的每个阶段之脉动，再予细观，会看到蒋经国作为标准丈夫与模范父亲的同时，更强调作为孝子，结果纵容蒋介石爷爷溺爱孙子，最后形成蒋家世代兴衰交替的枢纽。

读者若更进一步跳出蒋方良，在蒋经国处理蒋方良与章亚若两个妻室的子女之间，作一比较，则又能看到蒋经国对前者溺爱，将后者遗弃的结果。那无非是：溺爱转而成为陷害。而"多难兴邦"的铁律，又在孤儿双胞胎章孝严与章孝慈身上得到印证。

台湾"中央研究院"近代史研究所研究员

朱浤源 序于

北京市王府井大街东厂胡同

中国社科院近代史研究所旅次

2012 年 11 月 23 日

前　言

　　古今中外，百姓对领导人的家庭生活总充满好奇与想象。英国人热衷皇室八卦，黛安娜王妃生前死后，都是话题人物；美国人对肯尼迪家族成员的报道，巨细匪遗，历久不衰；而在台湾，因为在威权体制下，媒体无法接近最高领导人的家庭，因此也难有第一手报道的呈现。

　　关于蒋家的一切，老百姓们仅止于道听途说，这也使得蒋家每个成员都被戴上了一层神秘的面纱。蒋经国过世后，蒋家的家佣或退休官员出版了描写他们眼中所见的蒋家三代的书籍，无论所谈的内容是真或假、是深刻或夸大、是主观或客观，对老百姓而言都是一个窗口。在此，我们提供的是蒋家一系列的家居生活照。我们所搜集的照片中，主角仍以蒋经国夫妇为主，外传蒋经国私下爱搞笑的个性，从照片中轻易可见。许多人说蒋经国夫妇人格最大特质，就是"平凡"；他们毫无矫揉造作或冷若冰霜的贵族色彩，他们是最平凡的贵族，平凡到与你我毫无不同。

　　在这一系列照片中，我们不但理解了蒋经国等人，也理解了过往的时代。当我们了解了过去，对我们现在所处的环境，也将有脉络沿传的体认。就如同后来的官员首长们巡查各地所穿的夹克，其实承袭自"模仿"蒋经国土夹克的造形。这件很普通的夹克被蒋经国赋予了简朴、勤劳的平民化精神，代表着他对基层百姓的关心与倾听。蒋经国来自豪门，却平易近人，权倾一时，却生活简朴，他力争上游，将台湾由贫困带向富足。

目录

蒋介石 / 1
权力的顶峰
气势凌人
"总理遗嘱"与蒋介石
蒋介石的哭泣
在台湾的蒋介石
蒋介石校阅在台部队
两名二战代表人物的晤面
晚年蒋介石
跪送"蒋公"

宋美龄 / 23
名校时期的宋美龄
第一家庭
姐妹不同路
军头身边的娇小女子
轰动一时的世纪婚礼
最领风骚的三个女人
蒋氏伉俪最辉煌的岁月
抗战时访问印度
接待日本首相岸信介
寄情艺术

蒋经国 / 47
两代强人合影
蒋经国试穿飞行装备
"救国团"时期的蒋经国
上山下海

亲赴"前线"
蓄须戴孝,权力接班
蒋经国提拔李登辉
和蔼亲切,深得民心
香港演艺人员赴台吊唁蒋经国

蒋方良 / 69
少女时代的蒋方良
亲密无间
尼古拉、芬娜和他们俄国的好朋友们
与姐姐相依为命
充满期望的眼光
与婆婆留影
1942 年的蒋方良
穿上旗袍的洋媳妇儿
悠闲自得
带领"妇联会"关怀"三军托儿所"
"山地姑娘"蒋方良
酒宴上的欢喜
和蔼亲切的笑容
平凡的中年夫妇
美丽的岁月
生活的情调

蒋家私房照 / 99
笑容纯真
抱着 baby 的快乐小夫妻
补行中国婚礼

母爱真伟大

孝勇报到

蒋介石含饴弄孙

左右逢源

爱伦和爱理

在大陆时的全家福

在大陆时出游

坐三轮车

祖孙三代

蒋介石夫妇、蒋经国夫妇出游

爷爷露一手！

张大口唷！

在台湾的早期留影

蒋经国当摄影师

公园休闲

生日快乐

我来保护你

相　拥

莫忘今宵

香一口

相视而笑

帮你扣好

来！我们一起切

别闹了！

深情一吻

你侬我侬

夫妻拼酒拳！

教老外喝交杯酒

女人和孩子们的聚会

为"三军托儿所"剪彩

阿里山之旅

与俄籍友人交际应酬

孩子是贴心宝贝

宝贝女儿

河边消暑

叮咛再三

带女儿应酬

蒋方良与长子孝文

孝文握着妈妈合照

次子孝武

孝勇天真大笑

小兄弟和朋友

孝勇切蛋糕

蒋孝勇和母亲

祖母帮你弄好

婆媳之间

造形设计

蒋经国亲子同乐

"过动儿"蒋经国

带孩子们出游

草地上的野餐

全家福

全家合影
全家福
我们干一杯吧！
蒋经国的两个女人
吾家有女初长成
蒋经国夫妇和蒋孝文夫妇参加聚会
巡视金门
为同志庆生
中国式应酬
干了啦！
凑热闹
蒋经国讲笑话
潇洒的一对
又见到雪了
机场吻别
访美时上理发店偷闲
以子为荣
难得派头
福态的一对
老伴，我们抱孙子啰！
海水浴场戏水
三代同堂
蒋经国耍宝
人老情弥坚
蒋方良送别老伴
怀念的微笑

蒋纬国 / **207**
"经文纬武"
年轻时代的蒋纬国
耿直的生父戴传贤
与亲爱的大嫂
和大嫂、侄女举杯合照

蒋经国的孪生子 / **221**
小兄弟飘零出世
忧郁中有乐观奋发
怀念外婆
成长的骄傲

蒋介石

民国时期，蒋介石不但叱咤中国，并驰名国际。从攀上权力的顶峰，到失去大片江山，一生极具戏剧性。

蒋介石（1887—1975），名中正，字介石，幼名瑞元，学名志清，浙江省奉化县溪口镇人。1906年赴日，结识陈其美。回国后，1907年就读保定陆军速成学堂，学习炮兵。1908年获公费前往日本振武学校学习，并在陈其美介绍下，加入同盟会，参与反清革命事业。1910年辛亥革命爆发，蒋介石回国，受沪军都督陈其美的指派，率先锋队进击杭州，参加攻克浙江的战斗。随后任沪军团长，极受陈其美赏识。二次革命失败后，蒋介石再渡日本。1914年孙中山于东京成立中华革命党，他奉派返国协助陈其美反抗袁世凯。

1916年袁世凯死后，中国仍陷于分裂。1917年孙中山在广东建立中华民国军政府，蒋介石于1918年赴粤，担任粤军总司令部作战科主任、第二支队司令，之后却因人际关系不顺遂，即返回上海。1922年粤军总司令陈炯明叛变，带给蒋介石的人生重大转折。陈叛变后，孙避难于永丰舰，蒋闻讯急奔广州，登舰随侍四十余日，由是得到孙中山的信任与器重。1923年蒋出任陆海军大元帅大本营和行营参谋长，并赴苏联考察。1924年国共合作后，孙中山更将黄埔军校校长、粤军总司令部参谋长等重要职位交给他。同年蒋领军东征陈炯明，次年二次东征，战功卓著。

1926年，孙中山过世的隔年，蒋介石誓师北伐。1927年4月发动"清党"，与共产党决裂，并与汪精卫"宁汉分裂"。8月被迫下野。12月与宋美龄于上海结婚。1928年1月重新取得领导地位，继续北伐，在张作霖"易帜"之后，暂时在名义上统一中国。1929年蒋与桂、阎、冯三派爆发内战，分别击败对手。1930年蒋介石开始"剿共"，但"九一八事变"后，他的"攘外必先安内"的政策受到抨击，1931年再度下野，但很快复出，继续与中共展开武装斗争。1936年张学良、杨虎城发动"西安事变"，蒋介石答应与中共合作抗日。

"西安事变"后，直到八年抗日战争结束，蒋的声望极高。然而在与共产党全面内战期间，逐渐失去民心，1949年1月在兵荒马乱、民生动荡中，蒋被迫第三次下野。国民党政府败退台湾后，蒋复职"总统"，并连任四届。1975年病逝于台北。

权力的顶峰

手执军刀，神采焕发，蒋介石位于权力的顶峰。孙中山逝世后，蒋介石挥师北伐，一方面完成总理遗志，一方面和汪精卫、胡汉民、李宗仁、中共等势力展开斗争。汪、胡在国民党内的辈分高过蒋介石，均是文人出身。李宗仁所领导的桂系军阀，在东征、北伐及后来的抗日战争中均贡献卓著，但长期以来一直是蒋介石明争暗斗的对手。而中共在孙中山"联俄容共"的政策下，周恩来、林彪、陈赓等人均曾是黄埔军校的一员，与蒋介石协力统一中国的大业。

气势凌人

1933 年，委员长蒋介石气势汹汹，校阅部队讨伐"闽变"。当时蒋介石发动大规模"剿共"，却惊闻福建的十九路军叛变，"闽变"爆发。蒋介石震怒，不得不改变军事部署，乃将"剿共"部队抽调一部分主力，由江西、浙江向福建进兵。十九路军不但叛变，领导人蒋光鼐、蔡廷锴、李济深、陈铭枢等人更称号立国，成立中华共和国人民革命政府，制定新国旗，废除南京国民政府年号，改用公历，定 1933 年为中华共和国元年，公推李济深为主席。两个月之后，"闽变"被蒋介石平定。

"总理遗嘱"与蒋介石

至今，海峡两岸均对孙中山推崇感戴。孙中山曾说"民生主义就是共产主义"，并以"联俄容共"的实际行动，结合国、共的政治与军事力量。1925 年孙中山过世后，蒋介石在 1926 年因"中山舰事件"排除中共势力，1927 年更以流血方式发动"清党"，致使双方种下深仇巨恨。在中共的眼中，蒋介石违背"总理遗嘱"；在蒋介石的认知下，孙中山曾说"共产主义不适用于中国"，因此"联俄容共"只是阶段性策略，与其让共产党夺权成功，不如"先下手为强"。

蒋介石的哭泣

有别于官方照片中高高在上的英姿，蒋介石面容哀恸。1937年在革命元老朱培德上将的葬礼上，蒋介石对这位于北伐、"剿共"期间尽心尽力的老将感伤不已。

蒋介石在 30 年代，一共对中共发动了五次围剿。1934 年10 月红军于江西瑞金被迫弃守，展开震惊中外的"长征"，毛泽东率领八万八千人突围，在两万五千里的大考验下，完成艰巨的任务，虽只剩六千人生还，却在陕北立稳了脚跟。

在台湾的蒋介石

1949 年，蒋介石在内战失利中败退台湾，这年他 62 岁。自 1945 年抗战胜利后，短短四年间，国民党部队被解放军节节逼退。原本蒋介石思忖既能度过险恶的八年抗战，对打击中共自然更是信心满满。然而国民党政府的腐败，激起经济的动荡，人民对中央失去信心，这成为国民党顿失政权的最大原因。抗战期间，蒋介石尚从容自若，而在国共内战后期，蒋介石屡屡情绪失控，大声咆哮。

蒋介石校阅在台部队

蒋介石在寒风中校阅部队。蒋介石在战事连串失利间，1949年金门的"古宁头大捷"，却使国民党得到舒缓的机会。1950年突然引发的朝鲜战争，成为两岸分立的历史转折点。之后两岸各自发展，历半世纪余。蒋在台初期亟思反攻大陆，只可惜主客观形势"时不我予"，"反攻大陆"沦为口号。50年代国共双方仍在台湾海峡激战。1958年"八二三炮战"在金门上演，台湾立于不败，再次度过危机。

15

两名二战代表人物的晤面

1960 年美国总统艾森豪威尔赴台访问，蒋介石一身笔挺军服，前往松山机场迎接。艾森豪威尔访台象征着"中美友谊"坚固不渝。艾森豪威尔是欧战的英雄人物，蒋介石则与中国其他党派一起进行了八年抗日战争，两人都是二战代表人物之一。在美苏冷战时期，台湾成为美国在远东防堵共产势力的一座堡垒，美国政府将物资和军队输往台湾，使蒋介石无后顾之忧。同年台湾发生"雷震事件"，雷震组党失败，推迟台湾民主化的进程。此一时期美国政府因为与蒋介石友好，并未对蒋钳制台湾民主而表示不满。

晚年蒋介石

蒋介石拄着手杖，坐在竹椅上，留下了这帧台湾人熟知的照片。照片中的蒋介石，是个慈眉善目、朴实无华的老人。蒋介石一生极具争议，但是他的简朴作风、平实平淡的生活习惯、不讲究奢侈派头，是比较为人所公认的。这种风格虽然不见得影响妻子宋美龄，但是与蒋经国极为相似；蒋经国的简朴随兴更胜于蒋介石。

蒋介石的健康状况，直到1972年8月的一场意外的车祸，才急速下降。蒋介石的座车被一名少将的座车撞上，使蒋必须接受长期治疗，不堪其苦。

跪送"蒋公"

1975年4月5日，蒋介石病逝，享年88岁。当时台湾民众普遍表达了哀恸之情，领导人"驾崩"，下跪就成为自然之举。无论这是不是"造神"运动下的荒谬行径，但是当时许多官员和老百姓向蒋介石行跪拜之礼，确实是出自真情，如同中国风俗中子女对已故父母行跪拜之礼一般。直到1988年蒋经国逝世，尽管跪拜者较为减少，但人民痛失"伟大领袖"之情仍溢于言表。以前台湾岛内书写"蒋公"二字，必须在"蒋"字之前空一格，以表敬意。

宋美龄

宋美龄系出名门，她的举止丰采不但风靡中国，并曾在访美时广受赞誉。在台湾期间她没发挥具体的政治影响力，后来长居美国远离俗世，过着富贵而清淡的生活。更传奇的是，她活过百岁，是民初的政治人物中最长寿者。

宋美龄 (1897—2003)，广东文昌（今属海南）人，父亲宋耀如是自美归国的华侨牧师。宋耀如后来经商成功，大力资助孙中山革命，这也使他的儿女们与政治结下不解之缘。他的儿子宋子文曾任外交部长，三个女儿宋霭龄、宋庆龄、宋美龄分别嫁给孔祥熙、孙中山、蒋介石三位名人。关于宋美龄嫁给蒋介石，说法甚多，许多人仅以"政治联姻"视之。但是也有人指出，宋美龄对蒋介石一见钟情，这促使作风自我的宋美龄在宋家反对之下，仍毅然嫁给早有家室、拥有多名情妇的蒋介石。

宋美龄具有浓厚的个人主义行事风格，与她受美式教育有关。1910年，13岁的宋美龄前往美国，后就读于韦斯利女子学院。1920年，宋美龄返回中国。1927年，自称谈过几次恋爱的她，嫁给大她10岁的蒋介石。蒋介石因此也受洗为基督徒。

抗战爆发，蒋氏伉俪的声望达到顶峰，宋美龄热情澎湃，1937年在上海慰劳官兵途中，座车被炸翻，受轻伤。尽管如此，事后宋美龄仍多次着军服、打绑腿，亲赴前线为官兵打气壮威，广受好评。

1943年是宋美龄一生最璀璨的时期。为寻求美国鼎力支持中国抗日，宋美龄在访美期间，充分展露上流社会人士的行仪丰采，她以流利的英语，发挥铿锵有力的口才，惊动全美上下。在一场国会的演说，宋美龄坚定地说："根据我们中国人民五年半的经验，确信光明正大的甘冒失败，比起卑鄙可耻的接受失败，更为明智。"她的演讲得到如雷如潮的掌声，成为记者追逐的对象。《时代》杂志以"机智、美丽、风度"形容这位中国女士。

赴台后，蒋介石曾命她为"中华妇女反共抗俄联合会主席"、"中国国民党评议会主席团主席"。1975年4月，蒋介石过世，传宋美龄与蒋经国颇有龃龉，8月宋即赴美长居纽约。宋美龄无子女，陪伴她的是姐夫孔家的后代，但孔家累积财富的方式曾引起非议，这也使宋美龄的名声颇受波及。

名校时期的宋美龄

20 世纪 10 年代，宋美龄就读波士顿的韦斯利女子学院
（Wellesley College）。宋美龄神情锐利，有着强烈的个
人主义。该校是著名学府，培育了许多杰出校友，包括美国
国务卿欧布莱特（Madeleine Albright）、总统夫人希拉里
（Hillary Clinton）、女星琥碧戈柏（Whoopi Goldberg），
华人方面则有宋美龄、作家冰心等人。宋美龄出身豪门世
家，13 岁赴美，英文流利地道，这不免让她自视甚高。她
不但能以英语交谈，并能使用上流社会的英语表达自我，使
二战时期美国人对她另眼相看。基本上，宋美龄有洋派的一
面，却又注重中国人的风俗习惯。

第一家庭

20世纪20年代，宋美龄和丈夫、母亲等家人合影。前排右一是大姐宋霭龄，中间是宋母倪桂珍。后排右一是弟弟宋子安，右二是大姐夫孔祥熙，左一是弟弟宋子良。宋家另有次女宋庆龄和长子宋子文。宋母曾反对幺女嫁给蒋介石，在霭龄和孔祥熙劝说下方答应这门婚事。据与宋美龄亲近的人士表示，宋美龄对蒋介石一见钟情，觉得蒋比二姐夫孙中山英俊。而蒋对宋美龄也极为爱慕，曾在情书中写道："功业宛如幻梦，独对女士之才华容德恋恋终不能忘，但不知举世所弃之下野武人，女士视之，谓如何耳？"蒋在当时有元配毛夫人，以及姚冶诚、陈洁如三位夫人。

姐妹不同路

宋美龄站在二姐宋庆龄身后合影。宋庆龄 22 岁时，在父亲反对之下，嫁给大她 27 岁的孙中山。宋庆龄崇拜孙中山的英雄气质与爱国情怀，毅然追随孙中山。1925 年孙中山过世后，她依然坚持丈夫的"联俄、容共、扶助农工"三大主张，因此对蒋介石屠杀共产党员极表不满，公开谴责蒋介石。国共内战期间，她呼吁美国人民反对美国政府援助蒋介石，这使她和妹妹宋美龄的关系更为尴尬。姐妹俩在政治上最大的交集，就是对反抗日本侵略，都表达出坚定的立场。而尽管政治上各有选择，姐妹之间的纯挚情谊，仍是她们所彼此珍惜的。

军头身边的娇小女子

1925 年，黄埔军校的阅兵大典上，宋美龄站在蒋介石身边，陪同观礼。两年后，宋美龄终于成为蒋介石的女人。照片中，难免会使人觉得女性只是男性权力的附属品。然而事实证明，宋美龄不只是个花瓶，她勇敢地跳入政治洪流中，最明显的例证就是"西安事变"和抗战时期的表现。在张学良扣押蒋介石后，宋美龄反对何应钦等人的武力讨伐计划，并为营救丈夫亲飞西安。她在西安下飞机的潇洒笑容，显现十足的大将之风，各界为之激赏。1937 年抗战爆发不久，"淞沪之役"随即展开，宋美龄为官兵送补给品，车队在上海遭遇日军轰击，她的座车被炸翻，伤及肋骨及脊椎多处。虽然是轻伤，但后来每遇天气骤变，她的身体就会因此感到酸痛。 据说抗战时宋美龄曾四次上火线、五次差点送命，或许这被描写得有点过度，但她的勇敢的确使士气振奋，坚信抗战必胜。

轰动一时的世纪婚礼

1922年，宋美龄在孙中山家第一次见到蒋介石。五年之后，他们步入结婚礼堂。当年，正是蒋介石蹿起的一年；他在烽火中登上"永丰号"战舰与孙中山共患难，由是得到孙中山的赏识与提拔。五年期间，蒋介石如日中天，北伐虽未完成，但俨然是中国新一代霸主。1927年蒋介石"清党"后在派系斗争中暂时下野，但他在下野时期却完成了一桩世纪婚礼。由于孙中山娶宋庆龄，蒋介石娶宋庆龄的妹妹美龄，这种对仗关系，使蒋介石无形中仿佛是孙中山的传人。

最领风骚的三个女人

1940年，宋氏姐妹合影。自从宋庆龄公开反对蒋介石以后，三姐妹难得齐聚。民国时期最具权势的家族是蒋、宋、孔、陈，人称"四大家族"；最引领风骚的三个女人则是宋氏姐妹——宋霭龄（中）、宋庆龄（右）、宋美龄（左）。三姐妹分别嫁给民国三位要人孔祥熙、孙中山、蒋介石，因此民间盛传"一个爱钱、一个爱国、一个爱权"。孔祥熙是富商出身，并当过财政部长、行政院长等职。孙中山是革命家，毕生谋求中国富强。蒋介石与宋美龄结婚时是南方霸主，亟思统一中国。

蒋氏伉俪最辉煌的岁月

1941 年，蒋介石夫妇合影。此时，对日抗战使两人的声望
达到空前。抗战之前蒋介石虽号称中国的领导者，但连年发
动内战，使他受到责难。抗战爆发后，各省军阀和共产党与
国民党团结抵御外侮，民心广沸，将蒋介石的声望推向顶
点。尽管战局失利，人民对蒋仍深具信心。蒋夫人宋美龄在
抗战时也发挥外交才能，1943 年的美国之行，使中美合作
的基础更趋强化。当时美国上下感动于这名中国妇女娇小身
躯所散发的能量，上有罗斯福总统的夫人埃莉诺（Eleanor
Roosevelt）为她倾倒，下有老百姓写信和送礼物到白宫转
交宋。

抗战时访问印度

宋美龄是蒋介石外交上的左右手。图为 1942 年蒋介石夫妇访问印度。此次访问是向甘地和尼赫鲁寻求合作抗日，蒋表示支持印度的独立运动，但同时希望甘地警惕日军侵印的野心。英国对蒋的立场虽然不悦，但因欧洲战场危急，只能以联合中国抗日为优先。随后，中美空军飞越喜马拉雅山直抵印度，将印度当成中国最大的国际后勤基地。

接待日本首相岸信介

1957 年，日本首相岸信介访问台湾，蒋介石和宋美龄表达欢迎之意。此行中，他向蒋介石保证日本不与中华人民共和国建交，并且不支持中华人民共和国进入联合国。1971 年以前，"中华民国"仍是联合国的会员国，与台湾保持邦交的国家高达 67 个。据闻宋美龄虽爱面子、常因小事发大脾气，然而一旦细心起来，总能使人宾至如归，如沐春风。宋美龄遇到国际友人来访时，会私下调派艺匠在各色小礼物上镌刻对方姓名和简短温馨的题词。收到礼物的国际人士总格外惊喜，感受到宋美龄的细腻与体贴。

寄情艺术

或许宋美龄的魅力仍在，但比起1943年的访美旋风，宋美龄的确远离了掌声。在台期间，宋美龄远离镁光灯，逐渐爱上了艺术，悠游于水墨的天地无争中。最初蒋介石以为她是闹着玩的，不想好强的她越画越认真，废寝忘食，画艺渐长。蒋大为惊喜，就常把夫人的作品秀给国际友人欣赏。宋美龄的国画老师是著名的大师黄君璧、郑曼青。据说宋本来想拜另一位大师溥心畬为师，但被溥拒绝了。溥心畬是清朝遗族、王爷之后，他以个性古怪、气节刚烈闻名。他表示清王朝就是被中华民国推翻的，一旦教宋美龄，成何体统，岂不愧对祖先。宋美龄听了之后忍俊不禁，只有求教别的大师。

蒋经国

作为蒋介石之子，蒋经国自幼就在众人的睽睽目光下成长。他曾是个向往共产主义的叛逆青年，之后他选择了蒋介石的路线。在台湾，他是蒋介石的继任者，父子二人的政治性格均具有争议性，但他得到的赞誉与肯定多过父亲。

蒋经国（1910—1988），幼名建丰，号经国，浙江省奉化县人。父蒋介石，母毛福梅。1925年在革命的气氛下，蒋经国远赴苏联，进入莫斯科中山大学，同年12月加入苏联共产主义青年团。1928年毕业之后，进入列宁格勒的苏联红军军政学校。1930年从军政学校毕业后，任中国留学生辅导员。1931年到1937年期间的蒋经国，成为一名共产主义下的基层劳动者。他曾被分配到莫斯科郊外的电机工厂劳动、在西伯利亚成为开采金矿的矿工、担任重型机械工厂技师、重型机械工厂副厂长。期间的1935年，与毕业于技术学校的白俄罗斯女孩芬娜（蒋方良）结婚。

1936年12月的"西安事变"，促成了第二次国共合作，蒋经国从而在1937年被苏共送回中国。同年，八年抗日战争展开。在这八年中，蒋经国的重要历任有：江西省第四行政区专员兼保安司令，赣南县长，青年军政治部主任，三民主义青年团中央干部学校教育长。国共全面内战期间，蒋经国于国民党政权飘摇之际，1948年担任上海经济督导员，对经济违法分子施以铁腕作风，所谓"打老虎"，不过最后无力挽回大局，以失败告终。

1949年国民党败退台湾后，蒋经国在各方面更为活跃。战火中，他曾指挥大陈列岛撤退作战、亲赴"八二三炮战"前线。经济上，他最重大的贡献是在1973年"行政院长"任内，主持"十大建设"的工程，成为台湾经济起飞最重要的推手。然而除了上述的文武双全，他所掌控的情治系统，则为他带来了争议。晚年任职"总统"期间，他为台湾的民主化作出了关键性的决定，受到充分的肯定：1987年，在蒋经国逝世前一年，当局宣布"解严"，开放党禁、报禁；1988年元旦开放大陆探亲。他在台湾历任的重要职务有："国防部总政治部"主任，"中国青年反共救国团"主任，"国家安全会议"副秘书长，"行政院国军退除役官兵就业辅导委员会"主任委员，"国防部"副部长、部长，"行政院"副院长、院长，国民党主席，"中华民国"第六任、第七任"总统"。

两代强人合影

1954 年蒋介石当选第二任"中华民国总统"，蒋经国随侍在旁。军人出身的蒋介石，坐姿挺拔。蒋经国个子虽不高，但肩膀宽阔，胸膛厚实。蒋经国曾是前卫青年，15 岁就远赴苏联留学，培养社会主义革命精神。蒋介石"清党"之后，蒋经国沦为"人质"，并在压力之下发表公开信谴责父亲是"中国的叛徒"，直到 27 岁才得以返回中国。蒋经国回国后，父子间曾彼此试探信任度。在蒋介石的培养下，蒋经国逐渐成为父亲的左右手。

蒋经国试穿飞行装备

50年代，台湾空军接收美制F-86"军刀"战斗机，蒋经国试穿飞行装备。蒋经国给人精力充沛、动静自如的印象。作为"太子"的他，具有两极化的性格，他城府深沉，熟谙政治门道，却又时而挥洒天真浪漫的性情，不摆架子，笑容亲切。他不像父亲蒋介石常以一种严峻冰冷的气势示人，也因此比蒋介石更添一股神秘感。

"救国团"时期的蒋经国

蒋经国手持"中国青年反共救国团"的队徽，正对干部进行讲话。1952年蒋经国催生"救国团"，担任"救国团"主任，1973年方卸下主任一职。期间他被称作"青年的导师"，颇受青年学生的欢迎。蒋在"救国团"培育政治班底，但在民间"救国团"的意义只是寓教于乐的单位，尤其寒暑假时，高中、大专生以参加"救国团"的户外活动为荣，例如参加体验军中生活的"战斗营"、中横公路健行等。从这类活动中，年轻人锻炼了体魄与培养了人格成长，并借此结交异性。"救国团"带给许多人一段温馨的青春回忆。

上山下海

50 年代，头戴斗笠的蒋经国，巡视中部横贯公路的施工情形，休息时露出愉悦的笑容。中横公路西起台中县谷关，东到花莲太鲁阁，沿途峭壁参天，景色威壮。开拓这条公路具有一定的难度，开路工人是所谓"荣民"，即战火间退役的老兵。蒋经国在 1956 年担任"退辅会"主委，将"荣民"安插到台湾各地从事重大工程，中横公路就是其中的代表作。中横从 1956 年开始兴建，四年后完成。蒋经国多次前往中横为"弟兄"打气。蒋在苏联干过苦力，深知基层之苦。

亲赴"前线"

60 年代，蒋经国巡视金门两栖部队。右侧戴鸭舌帽者是黄杰将军。1964 年蒋经国担任"国防部副部长"，1965 年升为"部长"。蒋经国在苏联曾就读军政学校，接受过严格的战斗训练，抗战时亦历练于青年军。然而比起出身黄埔或美国军校的将军们，蒋终究矮了半截（蒋与美国维吉尼亚军校毕业的名将孙立人不和），所以蒋更注重以实际行动参与军事，例如亲临"前线"阵地，与基层官兵打成一片。1958 年"八二三炮战"，蒋经国曾在绵密的炮火中冒险抢登金门。

蓄须戴孝，权力接班

1975 年蒋介石过世，蓄须戴孝的蒋经国时任"行政院长"，三年后出任"总统"。蒋经国在父亲去世当天的日记中提到最后一次探病时："当儿辞退时，父嘱曰：'你应好好多休息。'儿聆此言，忽有说不出的感触。谁知这就是对儿之最后叮咛。"13 年后蒋经国病逝，他的死与积劳成疾有着一定的关联。在任职"行政院"院长时，蒋经国面临两次国际性能源危机，但都被他率领的孙运璇等人的经济团队化解。1973 年开始的"十大建设"，更为台湾的现代化打下坚固基础，他当时的名言"今天不做，明天就会后悔"，与他年轻时甫从苏联回国、领导建设赣南的浪漫词句"要不断的流，流到目的地才停止！"透露出他个性强悍面的一致性。

蒋经国提拔李登辉

80 年代后期，蒋经国亲自授勋李登辉，李登辉恭敬肃立。蒋、李于 1984 年就任第七届正、副"总统"。蒋在 1983 年、74 岁前后身体状况就大不如前，因糖尿病而脸部呈现浮肿。蒋经国大量培植台籍人士进入"中央政府"任职，并在 1985 年接受《时代》杂志访问时表示蒋家成员不会继任"总统"。李登辉是继谢东闵之后的台籍副"总统"，也是第一位台籍"总统"。蒋经国过世当天，李登辉就依"宪法"宣誓递补"总统"职务，之后并连任两届。

和蔼亲切，深得民心

这张照片摄于 80 年代。年轻时，蒋经国在私人餐宴上，爱说笑话、爱划酒拳。年老时，蒋经国仍不改爱热闹的风格。此外，蒋经国特别喜爱与青年、军人、劳动阶级相处，这些场合总是他感到温馨或开怀的时刻。蒋经国常以一件茶黄色夹克深入民间察访，可说是"微服出巡"。他喜欢到处观察平凡百姓的生活，与之闲话家常、关切询问，这款夹克造型与"走透透"的精神，影响了后来的宋楚瑜，甚至也影响了民进党的地方首长。"总统"任内，他在每年除夕夜，总穿上夹克，透过电视发表除夕谈话，向百姓拜年。谈话的内容，虽不脱老套，但他简朴厚重的形象、诚恳用心的语调，却有安抚人心的功效，成为许多家庭围炉时分的重要节目之一。

香港演艺人员赴台吊唁蒋经国

1988 年 1 月 13 日，蒋经国在寒冬中猝逝。香港演艺界人士去往台湾表达哀悼之意。左侧四人，左起郑裕玲、冯宝宝、黄百鸣、袁洁莹。右侧六人中，右一为张学友、中为周润发、右五为钟楚红。因病逝的消息来得突然，民众普遍感到错愕而悲伤。虽然五年来民众已看出蒋经国的健康急速恶化，但"总统府"维持宫廷政治的保守习性，深恐影响民心士气或予敌人可趁之机，对外均隐讳不发。蒋经国的主要病因是糖尿病，这使他后来不良于行，必须以轮椅代步，甚至在失明边缘，饱受病魔摧残。

蒋方良

1934 年，在苏联乌拉山区，一名来自白俄罗斯的 17 岁女工芬娜，结识远从中国前来的蒋经国，这段异国恋情，使少女改名为"蒋方良"，从而也改变了一生。

　　蒋方良原名芬娜·伊芭奇娃·瓦哈李娃(Faina Epatcheva Vahaleva)，是铁路工人的孤女，与姐姐同住，相依为命。自技术学校毕业之后，被派往乌拉山区的重型机械厂。1934 年春与任职副厂长的尼古拉·伊利扎洛夫结识。尼古拉也就是蒋经国的俄文名字。

　　当时的蒋经国，因为国共交恶，在苏联成为"人质"，并曾被苏共当局"下放"到西伯利亚。蒋经国思乡思母，情绪低落，遭跟监的同时，只有辛勤投入工厂生活来暂时忘却烦恼。芬娜在这个时候出现，爱情带给蒋经国莫大的安慰。1935 年 3 月，这对异国恋人结婚。12 月他们的儿子蒋孝文出生。1936 年又添了女儿孝章。

　　1937 年 4 月，芬娜的人生更有了转变，她远离故乡，和蒋经国回到了中国。蒋经国给她起了一个汉名"方良"。不仅如此，她必须适应中国的风俗习惯，并且要适应丈夫的"太子"身份所带来的种种变化。

1945 年蒋方良生下次子孝武，1948 年三子孝勇诞生。1978 年蒋经国就任"总统"，蒋方良从当年的副厂长夫人，成为台湾的"第一夫人"。但是在生活上，蒋方良一直保持着低调，她鲜少在媒体露面，台湾百姓对她极为陌生。她与一般平凡无怨的主妇毫无不同，当丈夫经常加班或出差时，她只管把家庭照料好，虽有佣人，却常亲自动手洗窗帘。蒋方良和蒋经国一样，生活上不改当年在乌拉山区的简朴习惯。

1988 年蒋经国去世之后，打击接踵而至，三个儿子相继过世。1989 年因糖尿病长年卧病在床的长子孝文，患咽喉癌过世；1991 年患有慢性胰腺炎的次子孝武暴毙；1996 年在 12 月的酷寒中，蒋孝勇在病房与母亲永别。

2000 年与蒋方良亲如姐妹的佣人"阿宝姐"，在服侍蒋方良五十多年后，回到大陆定居，蒋方良为此情绪低落。她的女儿孝章则长年定居美国。众所同情的，蒋方良是一位佝偻孤寂的孀妇，似乎只有在 1992 年当她接见白俄罗斯首都明斯克正、副市长，才是她神情最开心的一天。

少女时代的蒋方良

芬娜扎着两条辫子，辫子上用布料打着两个大结，极为清纯。蒋经国是副厂长，但原先互不相识。据说他们的认识源自于一段"英雄救美"的故事。一天夜里，蒋经国加班后离开工厂，回宿舍的路上，惊见一个大汉阻挡一个女孩的去路，意图伤害。蒋经国赶上前，救出这个金发碧眼的女孩，她就是芬娜。

亲密无间

1935 年前后蒋经国夫妇在苏联时期，前往海滨度假。蒋经国这时年约 26，体格结实。蒋方良穿着泳装，和蒋经国手拉着手，颇为甜蜜。蒋方良来到中国后，据说有次穿泳装在河里游泳，引起邻居侧目与议论，毛夫人只好劝她下次可别这样了。后来毛夫人买了一座美人鱼雕像放在家里，告诉蒋方良看看就好，不必真的去游泳。蒋方良老年时回忆此事，仍不觉莞尔。

尼古拉、芬娜和他们俄国的好朋友们

在苏联期间，尼古拉（蒋经国）和芬娜（蒋方良）与朋友们聚会。蒋经国曾任工厂副厂长，根据陶涵（Jay Taylor）的《蒋经国传》的记载，当年工厂的员工安尼克耶娃，提及蒋经国时表示："他脸上永远带着笑容，一副要坦诚相交的模样。我们从没看到他露出不高兴的面容。"

与姐姐相依为命

芬娜的父母早逝，与姐姐安娜（图左）住在一起。芬娜从技术学院毕业后，被分派到乌拉山区的斯维尔德洛夫斯克城的乌拉尔重型机械厂当工人。芬娜与蒋经国结婚时，蒋的月薪是 700 卢布，并分配到一户两个房间的公寓，生活状况还不错。后来蒋经国一度因政治原因被革职，夫妻俩带着小孩，仅靠芬娜的微薄薪水过活。

充满期望的眼光

芬娜对未来充满期待的眼光。芬娜认识蒋经国，爱情滋润着这名孤女的心灵，也滋润着异国游子蒋经国。蒋经国当时被苏联视做一颗棋子，苏联把他扣为"人质"，不准许他回中国，并严密监视他。来到乌拉山区任职之前，他曾被"下放"到西伯利亚，自称过的是"流亡生活"。这段暗无星月的日子中，芬娜抚慰着蒋的心情。蒋经国曾在《我在苏联的日子》一文中写道："当时我们经历的痛苦，并非梦境，而是最残酷、最惨痛的现实……"

与婆婆留影

1937年蒋经国带着妻子蒋方良和一双儿女返回故乡中国。图中是蒋母毛福梅,两旁是她朝思暮想的儿子和洋媳妇儿。毛夫人把孙子蒋孝文抱在膝上,神情显得满足。蒋经国是有名的孝子,蒋介石娶宋美龄,曾令他耿耿于怀,为母亲抱不平。

蒋方良仪态端庄,双足并拢,颇符合中国人对传统妇女所要求的含蓄典雅形象。1939年日本飞机蓄意轰炸蒋介石的奉化老家,以打击中国民心。毛夫人不幸罹难。

Милому Воле от

любящей тебя
Раи

Фотогр. в день рождения.
1-мая 1942г. 26 лет.
г. Леньан.

1942 年的蒋方良

蒋方良来到中国五年之后的留影。当时也是八年抗日战争的第五年,前方的战事"长沙会战"、"浙赣会战"如火如荼。远在欧洲战场,蒋方良的家乡也受战争摧残,德国在 1941 年入侵苏联,1942 年展开惨绝人寰的"斯大林格勒攻防战"。

穿上旗袍的洋媳妇儿

1944年结婚九周年留影。中国人说"嫁鸡随鸡"和"入乡随俗"。蒋方良来到中国后，学会了国语，而且还是宁波口音。图中她的发型反映出当时西方的流行趋势，衣着则充满中国味，以旗袍造型出现。人生境遇的奇妙，从蒋方良身上充分流露。她从未想过她会爱上一个异国男子，也无法想象对方是蒋介石之子。这种人生惊奇，需要她细心与耐心的调适。

悠闲自得

朴实淡泊，是蒋方良的写照。据七海官邸的侍卫官李祖怡表示，蒋方良自己过得朴实，但逢年过节总替他们招呼福利。已退出国民党的前高雄市长苏南成在电视节目中说，蒋家的老沙发椅，坐下去时还会凹陷。蒋方良在生活上，不像宋美龄需要一群人侍奉，遇事不愿央烦他人。晚年时，前台北市长黄大洲的夫人陪她去木栅动物园和翡翠水库游览；难得出门，她带了一壶热咖啡和在家做好的三明治，只因不想麻烦别人。

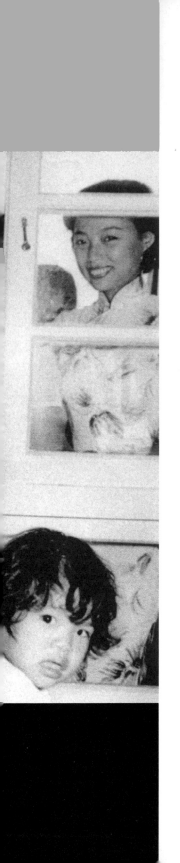

带领"妇联会"关怀"三军托儿所"

蒋方良一见孩子总格外开心。图为赴台之后，她率领"妇联会"同仁，前往"三军托儿所"倾送爱心。蒋方良也常带着自己的孩子主持许多幼儿活动。蒋方良曾是"妇联会"主任委员。"妇联会"的全名是"中华妇女反共抗俄联合会"；在这一"反共抗俄"的标语下，蒋方良以阳光般的笑容化解她乡愁的尴尬。

"山地姑娘" 蒋方良

穿上高山族服饰，打着赤脚，蒋方良来了一段高山族的歌舞。蒋方良有着俏皮活泼的一面，在她的故乡，舞蹈也是联络感情的普遍方式。大家都知道蒋方良早已中国化，照片中她的耍宝镜头颇令人感到有趣。

酒宴上的欢喜

与"妇联会"同仁聚餐，蒋方良接受敬酒，一团融洽。蒋方良对媒体虽一贯低调，但这不表示私下的她呆板乏味。在"妇联会"同仁的眼中，她是个极好相处的活泼大姐。

和蔼亲切的笑容

亲自驾车，享受速度的自由与乐趣。

94

平凡的中年夫妇

这一对夫妇分属不同国籍与血统，脸型轮廓自而不同，但是长期相处以来形成的相互默契与恩爱，使得这帧 50 年代的合照极具夫妻相。他们平凡可亲，毫无矫情与骄气。

美丽的岁月

时光流转，照片志忆。摄于 50 年代。

生活的情调

典雅雍容的一张。同样摄于 50 年代。

蒋家私房照

笑容纯真

20 世纪 30 年代在中国时所摄。蒋方良的笑容憨傻纯真。戴着墨镜的蒋经国，从年轻时就是神秘人物，一直到他故去，他的故事和他脑中的各种想法，都像是一层一层的谜团，有待后人揭开。

抱着 baby 的快乐小夫妻

刚从苏联返回中国，蒋经国一手搂着妻子，一手抱着儿子孝文。蒋方良美丽动人，沐浴在感情暖流之中。还有什么比这一刻更感到生命的喜悦。

补行中国婚礼

1937 年蒋经国夫妇回抵国门，在溪口老家补行中国婚礼。
蒋方良正式成为中国媳妇。

母爱真伟大

抗战期间，1945 年蒋孝武在重庆出生。当时条件恶劣，且
日本飞机滥炸重庆，随时有生命危险。不管生活如何艰苦，
婴儿的容颜却能带给母亲莫大的欣悦。

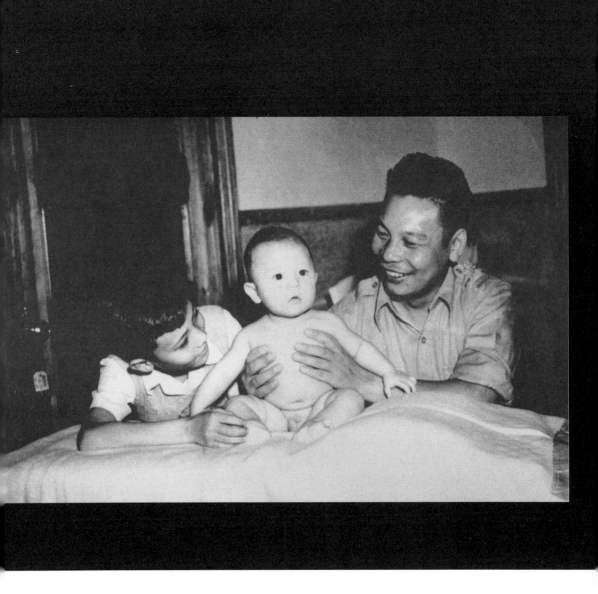

孝勇报到

国共内战期间，1948年蒋孝勇诞生于上海。蒋经国当时在
上海"打老虎"，惩治投机富商。照片左边的蒋孝武，好奇
而高兴地望着才出生几个月的弟弟。

104

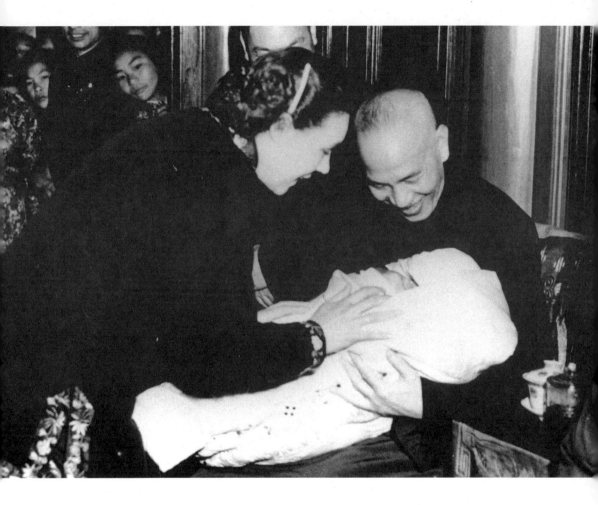

蒋介石含饴弄孙

向来威风凛凛的蒋介石，露出温馨的笑容，凝视着他的孙子
孝勇，感动于小生命降生的珍贵。蒋方良的神情充满母爱，
蒋经国站在父亲身后。

爱伦和爱理

蒋方良拥着孝文和孝章合影。这两个孩子都出生在苏联，孝
文的俄文名字是"爱伦"，孝章是"爱理"。回国后，蒋介
石替他们起名为"孝文"和"孝章"。

在大陆时的全家福

蒋经国抱着孝武，与妻子和孝文、孝章合照留念。

在大陆时出游

蒋经国夫妇和儿女孝文、孝章及其他人一起郊外踏青。

坐三轮车

1949 年，在奉化老家，蒋方良抱着二儿子孝武坐三轮车。大儿子孝文追随其后。带着墨镜的蒋经国在远处望着他们微笑。

祖孙三代

1949 年，蒋氏家族祭祀奉化老家祖坟。蒋介石身边是孙子孝文和孙女孝章，蒋经国恭敬地站在父亲身后。蒋经国一直背负着父亲的包袱，直到父亲晚年，他任职"行政院"院长期间，才充分在经济上展露才华，全心整建台湾。父亲过世后，他更在政治上对党外人士和后来的民进党作出让步。尽管有人说蒋经国其实是被迫让步，但这种胸怀与眼光是蒋介石无法达到的，大部分的史家也给予了客观的评价。

蒋介石夫妇、蒋经国夫妇出游

1949年，蒋介石抛开政治上的创伤，在踏青中开怀一笑。
蒋经国难得不是站在父亲身后，他轻松地坐下，感受家庭和
乐的美妙。宋美龄和蒋方良等人也不禁喜悦于此刻。

爷爷露一手！

蒋介石和孙子及友人的孩子玩游戏。蒋孝武玩得投入，孝勇
还小，不太进入状况。蒋经国总是在父亲身后看着父亲和儿
子玩耍，把自己当成配角，讨爸爸开心。

张大口唷!

1951年，全家为孝勇庆祝3岁生日，孝勇和二哥孝武享受
蛋糕的美味。孝文和孝章长大了，没加入抢蛋糕的行列，只
站在一旁分享老爸和老妈耍宝的温馨与喜悦。

在台湾的早期留影

50 年代蒋经国夫妇充满情趣的留影。蒋经国赴台时是 39
岁，蒋方良 32 岁。早期的台湾，孩童打赤脚上学，物质条
件极差，民风却极为纯朴。蒋经国夫妇毫无贵族气质，与一
般百姓无异。

蒋经国当摄影师

蒋经国帮妻子蒋方良拍照。蒋方良神情愉悦，蒋经国在按下
快门之间，既专注又充满快乐。

公园休闲

蒋经国夫妇上了年纪，虽然不像过去那么活泼，但夫妻俩仍
不时一起到外面走走。

生日快乐

蒋方良胸前别上红花，看来是她的生日宴会。蛋糕右侧的小孩是孝勇，左侧是孝武。蹲姿最右的是老大孝文。后排右三是孝章。

我来保护你

蒋方良神情悠然，陶醉在丈夫的臂弯中。蒋经国身材圆嘟嘟
的，笑容憨厚温暖，衬衫的大领子显得大方生动。蒋方良在
摄影时，常习惯性握着蒋经国的手。

相　拥

蒋经国夫妇笑眯眯的脸庞，谁看了都会感染他们的欢愉。

莫忘今宵

乐声悠扬，旋律婉转，夫妻俩浪漫今宵。蒋方良抚着经国的头，窃窃私语，经国陶陶然。跳舞是这对夫妻的拿手本事，蒋经国甚至连高加索民族舞蹈都会跳。在苏联时，蒋经国迟迟回不了中国，这却使他逐渐"本土化"，甚至出任工厂副厂长。就任之初，有的俄国人不服气被老外管，最终却为蒋经国做事做人的能力而折服。蒋经国差点当上俄国人，命运一个转折，反让蒋方良成了中国人。

香一口

蒋经国讨俏佳人，浪漫有趣。蒋方良的早期照片中，不时流露陶醉于丈夫怀抱中的喜悦。

相视而笑

蒋经国夫妇身穿中国式服装，含情而笑，写意开怀。

帮你扣好

蒋经国细心地帮方良的旗袍扣牢。旁观者常被他们夫妇俩的小动作给惹笑。
图左是空军将领王叔铭。

来！我们一起切

夫妻二人表现出心连心地完成每个动作。蒋经国露出招牌热
情笑容，蒋方良感到甜蜜。

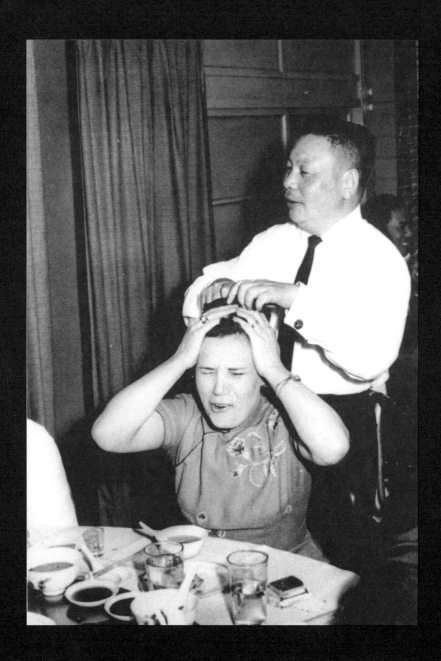

别闹了！

蒋经国耍宝，戏弄蒋方良。老夫老妻仍捉弄打俏。

深情一吻

蒋经国一手切蛋糕，一手抚着妻子的脖子。在丈夫炽热的唇
下，蒋方良的手部动作像小女孩似的。

你侬我侬

大家专心用餐，夫妻俩却率性地相吻起来。蒋经国和蒋方良
随时随地都亲昵不已，旁观者早就习以为常这种洋派作风。

夫妻拼酒拳!

这帧极富生动感的照片摄于 50 年代。蒋经国的谈笑风生和
划酒拳可是闻名的。看来蒋方良受到丈夫的影响，也学会这
种民间的豪迈游戏，而且架势十足，不让须眉。从麻将到酒
拳，蒋方良还真是活生生的中国媳妇儿。

教老外喝交杯酒

与在台俄籍友人的聚会上，蒋经国夫妇俩拿出台湾高山族的双杯，友人夫妇好奇共饮。克莱恩常去蒋经国在长安东路的寓所，他说蒋的家是"大而有点简陋的一楼平房……相当舒适，但让'中华民国'政府如此重要的高级官员来住，却显寒酸"。

女人和孩子们的聚会

"妇联会"的餐会上，大家分别把孩子带来齐聚一堂，女人
的笑声充盈屋内，孩子们有蛋糕就好。

为"三军托儿所"剪彩

1954年"三军托儿所"开幕,蒋方良带着孝勇剪彩。早期台湾的现代化状况无法
与今日相比,这间托儿所从今天的角度来看,是十分简陋的。

阿里山之旅

1955 年，蒋方良率领"妇联会"同仁和孩子们畅游阿里山。
远在日据时代，阿里山和日月潭的美景，就已名闻遐迩，令
大陆同胞为之向往。

与俄籍友人交际应酬

蒋方良与在台俄籍友人交际谈笑。50—60 年代驻台的前美国中央情报局副局长克莱恩，曾在回忆录里谈到蒋方良："芬娜乐观活泼，热情洋溢，健谈而好交际。"除了交际应酬和带孩子，蒋方良早年偶尔还打麻将消遣。

孩子是贴心宝贝

孝勇热情地亲吻妈咪。孝武像个小大人似地站着。姐姐孝章
已经是大人了，笑容成熟，手搭着妈妈和幺弟。

宝贝女儿

50 年代的家庭聚会上，蒋孝章模样俊秀，宛如童话故事中的公主。她细心地切着蛋糕，蒋经国微笑地望着她的动作。从蒋经国的肢体动作，可看出他对女儿的呵护与期望。蒋经国左边的是蒋纬国，兄弟俩几乎没合照过一张相片。他们互有心结，这是公开的秘密。

河边消暑

炎炎酷夏，蒋方良母女俩在溪边戏水。在当年的保守年代，
这张照片若流入市面，恐怕会惹来议论。

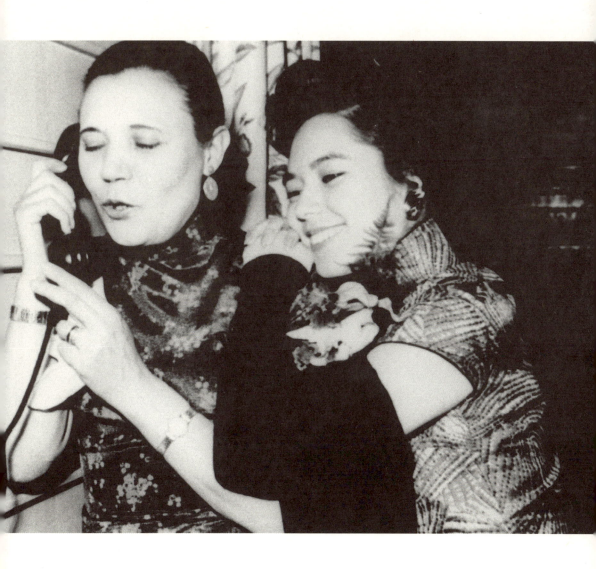

叮咛再三

蒋方良双手抱着话筒，叨叨絮絮个不停，孝章依偎着母亲，
脸上洋溢着甜蜜有趣。这像是一部电影的感性剧照。

带女儿应酬

女儿大了，蒋方良带着她应酬，把她介绍给在台俄籍友人。蒋孝章落落大方，两个叼着香烟的妇女微笑地看着她的到来。蒋孝章有着公主般的地位，也因此婚事格外受外界瞩目。她和俞扬和的婚姻，饱受流言困扰。两人年龄相差超过20岁，且俞扬和有两次婚姻记录。前"联勤"总司令温哈熊在《温哈熊先生访问纪录》中表示，蒋经国曾反对他们的婚事。为此，俞扬和、蒋孝章这对老夫妇在2001年控告温哈熊毁谤。

蒋方良与长子孝文

母子俩摄于50年代。蒋方良的三个儿子都生得英俊挺拔，女儿则清秀高雅。不过，儿子们长大之后，坊间都流传他们素行不良的故事，这使蒋经国夫妇十分困扰。长子孝文曾读陆军官校，辍学后，前往美国读书，旋及又辍学回台。据说蒋经国管教子女甚严，儿子犯错，该打照打，但蒋介石极袒护孙子，使蒋经国难以插手。儿子们在长大之后，巴结他们的人越来越多，在酒色财气的诱惑下，孝文和孝武传出的八卦可谓满城风雨。

孝文握着妈妈合照

蒋孝文从美国回台后，祖父和父亲决定找正经事让这个孩子历练，先后派他担任台湾电力公司桃园区管理处处长、国民党桃园县党部主任委员。然而或许是过于贪玩，使他健康状况陡降，年纪轻轻就被检查出糖尿病，从此长年卧病在床，不良于行。1988 年蒋经国去世，出殡典礼中不见孝文。无法亲送父亲一程，或许他心中更为悲痛。1989 年 4 月，孝文因病结束一生，得年 54 岁。他的妻子徐乃锦，是革命先烈徐锡麟的孙女。

次子孝武

蒋经国对孝武期望很大，尤其是孝文病倒之后。他毕业于淡江大学"中美关系研究所"，历任许多职务，比较著名的是"中国广播公司"总经理。由于涉入"江南案"，影响了蒋孝武更上一层楼的发展。1990 年国民党政争，蒋孝武批评叔叔蒋纬国，颇为李登辉拉抬。1991 年孝武因病猝死，得年 46 岁。他死的时候，"黑金政治"尚未成形，两岸关系也尚未恶化；李登辉后来的表现，他的弟弟孝勇却经历了。

孝勇天真大笑

蒋经国的幺儿孝勇，有着混血儿的漂亮脸蛋，笑起来十分
可爱。

小兄弟和朋友

这对小兄弟和朋友合影。蒋孝武在蒋介石眼中是个"鬼灵精"，蒋孝勇则最受宋美龄疼爱。

孝勇切蛋糕

生日是开心的大事，孝勇却哭着切蛋糕。爸爸妈妈、二哥和姐姐一旁看了开心大笑。不知道是谁对孝勇恶作剧，把他给逗哭了。小孩子的哭泣，也是一种可爱的画面哩！

蒋孝勇和母亲

蒋孝勇长大之后，比起两个哥哥，他的八卦事件显然少了许多。从台湾大学政治系毕业后，蒋孝勇曾任中兴电气公司和"中央"玻璃纤维公司的总经理和董事长。蒋经国过世后，他逐渐淡出台湾政经圈，移民加拿大。期间他曾前往大陆。蒋经国晚年健康状况下滑时，蒋孝勇有如"总统"秘书一般，许多事情由他代劳。蒋孝勇在 1996 年因癌症过世，只活了 48 岁。台湾人对他印象最深的是他曾公开反对李登辉，以及他与病魔斗争时所展现的生命勇气与达观。

祖母帮你弄好

宋美龄替孙子孝勇整理仪容，口中叮咛几句。蒋经国一旁觉得有趣，远处的蒋方良也给逗笑了。蒋经国与宋美龄没有血缘关系，眼中的这位“母亲”，使他甫从苏联回国时感到尴尬。但调适之后，两人相处不错；蒋经国礼节周到，对宋美龄侍奉恭敬。宋美龄最疼爱的“孙子”，据说是蒋孝勇。

婆媳之间

宋美龄和蒋方良闲话家常。名分上，宋美龄是蒋经国的母
亲，自然也是蒋方良的婆婆。婆媳之间，一直相处得不错，
虽然没有特别亲密，也没有丝毫怨怼。

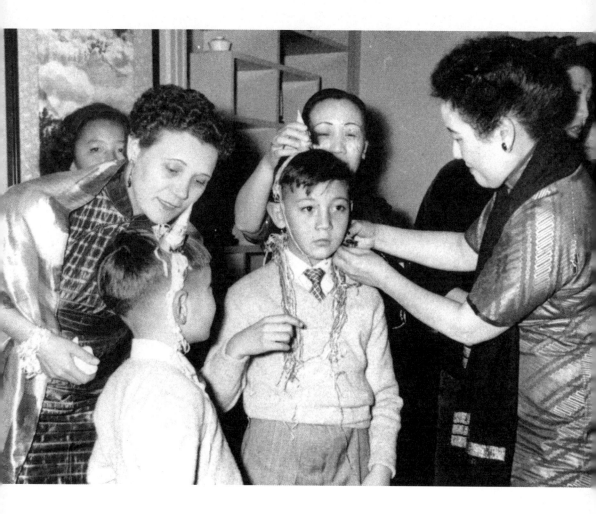

造形设计

宋美龄和蒋方良分别帮孝武和孝勇打扮，兄弟俩有着快乐的
童年。

蒋经国亲子同乐

蒋经国日理万机之余，回到家和小孩笑闹一团。孝勇要骑马，孝武来掺一脚，妈妈在旁咯咯笑，但不忘扶着孝勇，怕他跌下。

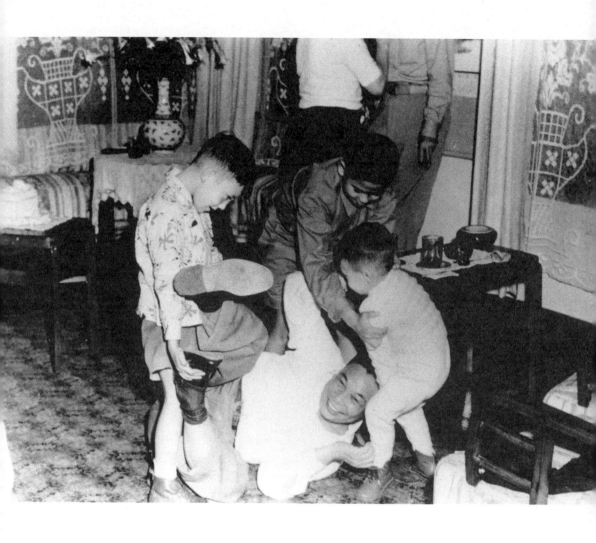

"过动儿"蒋经国

孝勇、孝武和爸爸玩摔跤。蒋经国精力充沛，在外上山下海，在家继续"打仗"。

带孩子们出游

这对夫妇很重视亲子同乐，有空时总会带孩子出外踏青。

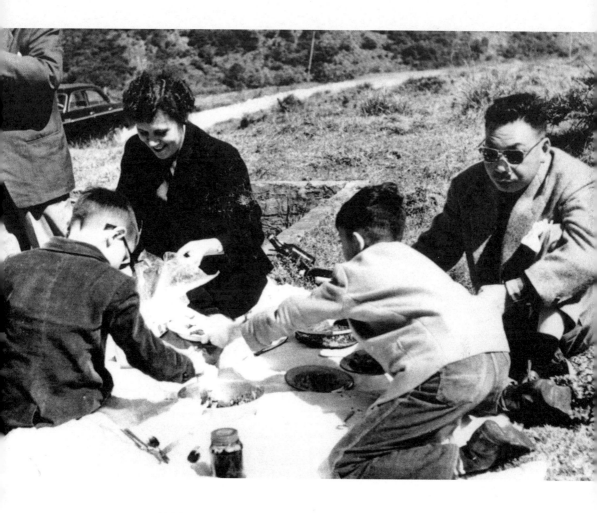

草地上的野餐

一家人户外野餐，蒋方良愉快地准备各种食物。除了早年打
打麻将，她一生几乎没什么嗜好，生活重心只有孩子和丈夫
的爱。

全家福

蒋经国率家人随兴拍下了这张全家福。女儿孝章身穿旗袍，

高雅动人。

全家合影

一家人穿得十分正式，漂漂亮亮。

全家福

50 年代后期的全家福。蒋经国偕老伴，率"文、章、武、勇"四子女留影志忆。

我们干一杯吧！

进入 60 年代，夫妇俩互敬一杯，彼此致意对方的辛苦与包容。蒋经国位高权重，但在家里以妻子的意见为重。前美国中央情报局副局长克莱恩，在台时常是蒋经国家的座上宾，他说蒋经国对妻子"十分尊重她，更把她当作一家之主。这和一般官员不同，他们谈到妻子时，总带着大男人主义的味道"。

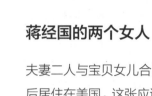

蒋经国的两个女人

夫妻二人与宝贝女儿合照志忆。蒋孝章结婚时是 24 岁，此后居住在美国。这张应该是她回台探望双亲，一同出游时所摄。从小，孝章就得到许多呵护，父母毫无重男轻女的观念。听说只要蒋孝章不高兴，家里的气氛就陷入凝重，这时蒋经国总是想办法逗宝贝女儿开心。

169

吾家有女初长成

1960 年前后，一帧充满神韵的家庭照。蒋孝章娇滴滴的模样，明媚动人。父母喜不自胜，宝贝女儿在父母身边像个小女生似的腼腆。1957 年，21 岁的蒋孝章前往美国读书，学习英国文学。蒋经国担心爱女无法适应异乡生活，委托"国防部长"俞大维的儿子俞扬和照顾她。俞扬和和蒋孝章在相处中激出爱苗，1960 年两人步入结婚礼堂。巧的是，俞扬和的母亲是德国人，和孝章都是混血儿。

蒋经国夫妇和蒋孝文夫妇参加聚会

60年代初，聚会上大家欢愉留念，背景的中国挂图和女士们的旗袍，烘托出浓郁的中国味。蒋经国和蒋孝文坐在中央，孝文身边的是妻子徐乃锦。蒋方良坐在儿子正后方。

巡视金门

蒋经国和黄杰同赴金门巡视。黄杰曾任"警备总司令"，蒋经国被民间称做"党政军特"一把抓，两人关系密切。台湾的"白色恐怖"，主要是 1949—1954 年这五年期间。黄杰是 1958 年担任"警备总司令"的。

为同志庆生

蒋经国参加黄杰的庆生会。黄杰在抗日时属滇西远征军,获有战功。国共内战末期,他从滇越边境率部退往泰国湾的富国岛,岛上一片荒芜,官兵筚路蓝缕,自强求生,三年半后才来到台湾。

中国式应酬

蒋经国夫妇应邀参加黄杰将军的生日宴会，夫妻俩与友人敬
酒。官场应酬，真笑假笑间，蒋方良不是不懂。她举杯的
动作，一手持着小杯，一手在旁托着，这是中国人的敬酒方
式，足见她十分的中国化。中国人的餐桌是圆的，西方人是
长方形，看来她理解中国式的圆融（或圆滑）。

干了啦!

蒋经国向逐桌敬酒的黄夫人回敬。蒋经国很会饮酒助兴,有
他在的地方,场面总给他炒热。

凑热闹

60 年代初，蒋经国夫妇与友人同欢。闹哄哄的场面，常是蒋经国舒心的时刻。然而当他越来越位高权重时，内心更有一股孤寂感；他仿佛没有知心的朋友，于是把全台湾老百姓当成他的朋友。别无选择的，他的一生奉献给了政治，却更是奉献给了台湾人民。

蒋经国讲笑话

蒋经国于欢宴上谈笑风生。提到讲笑话，尽管蒋经国不如蒋纬国有名，但是他的活泼热情，从年轻到年老都未曾改变。

潇洒的一对

1962 年，台湾中部横贯公路通车两年后，夫妻俩前往旅游留影，背景是美丽的合欢山。夫妻俩一个翘着二郎腿，一个自信地将手交叉于前，搭配得十分潇洒自在。蒋经国把帽子戴得高高的，显得颇为喜感。

又见到雪了

合欢山白雪皑皑，夫妻俩和参加雪训的官兵合影。在蒋方良的故乡，雪不是稀有的景象，赏雪不必跑到高山上。站在合欢山上，蒋方良对雪应该是无限感触。对蒋经国而言，在中国大陆也时见白雪纷飞，恐也思乡起来。

机场吻别

一次前往美国访问前，蒋经国与妻子在机场吻别。蒋经国是个多面体，他对父亲谨守中国固有孝道，对妻子则以洋派作风表达情感。青年时期是人格型塑的重要阶段，他15岁就远赴苏联，一去十二载，异国文化的影响，大方而公开地与伴侣接吻，对他而言是极其自然的事。

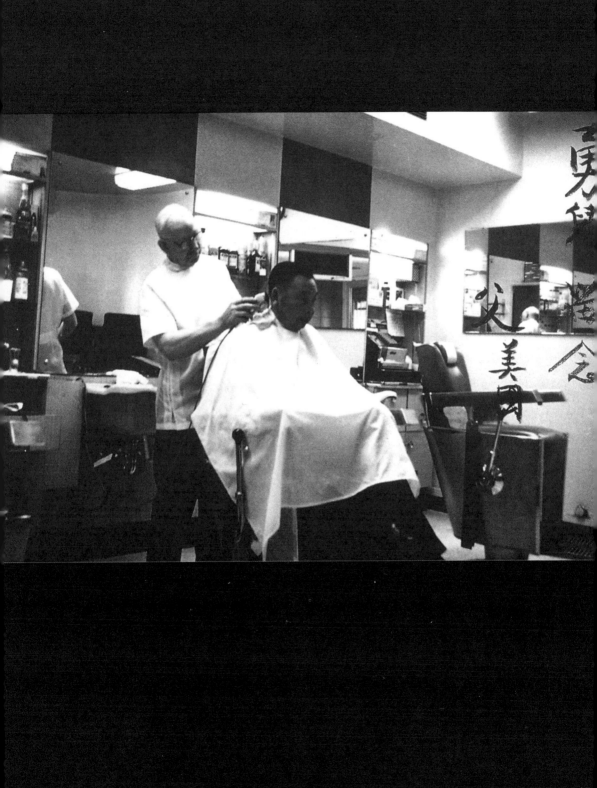

访美时上理发店偷闲

访问美国期间，蒋经国偷得闲情，上理发店剪发。蒋经国在照片上题字，送给幺儿孝勇。1970 年，蒋经国第五度访美期间，遭到"台独分子"黄文雄和郑自才行刺未遂。当时在纽约的普莱兹大饭店（Ploge Hotel）门口，黄文雄右手伸入衣襟，警员立刻上前抱住他。他被制伏的刹那开了一枪，子弹打在门上，使蒋经国逃过一劫。

以子为荣

一身抖擞，穿上军服的蒋孝勇和父亲蒋经国合影。蒋经国脸上写着以子为荣的神情。蒋孝勇读军校，这格外令蒋介石高兴。后来，蒋孝勇在一次出操中，把脚给弄伤，动了两次手术，迫不得已，只有离开军旅生涯。他后来就读台湾大学政治系，可见祖父期待他将来在政治上有所表现。

难得派头

蒋方良难得做了一个发型，蒋经国难得穿上西装。两人头碰

着头，年过半百，拍起照来仍颇为亲昵。

福态的一对

在时光的推移下，蒋经国逐渐老了，但像个弥勒佛；蒋方良
也老了，但身子骨依然直挺。

老伴，我们抱孙子 ！

70 年代，这一对老人家喜悦地抱着孙子。他们的脸上写着
皱纹，走过沧桑的岁月，初生的婴儿带给他们美好的心情；
人都会老，但心情却可以如婴儿般充满生命力。

海水浴场戏水

蒋孝勇陪老爸泡海水浴场。蒋经国年轻时颇爱游泳。蒋孝勇
身材结实,曾就读陆军官校。

三代同堂

蒋经国晚年时（80 年代）所摄。前排是爷爷、奶奶和孙子、孙女，后方是蒋孝武（中）、蒋孝勇（右）和孝勇的妻子方智怡（左）。方智怡的父亲是前公路局副局长方恩绪。蒋孝勇在 1997 年过世之前，把蒋经国的日记交给妻子，方智怡究竟什么时候会公开日记，一直是外界关心的话题。据闻，蒋经国生前向孝勇表示，等自己死后 15 年再公布日记，才能使大家更对他感到怀念与肯定。

199

蒋经国耍宝

从年轻时，蒋经国就有着爱开玩笑的一面。晚年的蒋经国仍
不失赤子之心，看到照相机对着他，当下耍宝因应，把餐巾
蒙在脸上，老伴蒋方良给逗得咯咯笑。

人老情弥坚

两位福态而慈祥的老人，一对可爱恩爱的老夫妇。两个人充
满着"少年夫妻老来伴"的恩情。

蒋方良送别老伴

1988 年 1 月 13 日，蒋经国远离人间。无论蒋经国一生有
多少毁誉，在历史上无疑是一位影响深远的大人物。图为在
蒋经国的葬礼上，蒋方良因过于悲伤而坐在轮椅上，蒋孝武
（左）、蒋孝勇（右）一旁服侍。左一是"行政院长"俞国
华。戴眼镜的是林洋港。林洋港是出色的台籍政治人物，为
何蒋经国没挑选他当副"总统"，一直为各界好奇与质疑。

怀念的微笑

丈夫的过世，使蒋方良哀伤不已。随着时光的远去，蒋方良把心中的感情化成一束束回忆的花朵。凝望着蒋经国的雕像，她露出怀念的微笑；抚摸着这个与她相伴 54 年的男人，风风雨雨、甜甜蜜蜜，远去的他仍然在她心底。

蒋纬国

作为蒋介石的二公子与蒋经国的弟弟，蒋纬国却未曾进入权力核心，也因此不像父兄二人那样极具争议性，所留下的只有他笑语如珠的小故事，以及他的身世之谜。

　　蒋纬国（1916—1997），幼名建镐，号念堂，生于日本东京，生父其实是党国元老戴传贤（季陶，浙江吴兴人，生于四川广汉），生母是日本人重松金子。戴传贤与蒋介石有金兰之谊，纬国出生后，戴将纬国送回中国由蒋介石抚养，并从蒋姓，蒋纬国于焉成为蒋家二公子。

　　蒋纬国年少时立志从军，但先就读于东吴大学理工学院和文学院。1936年蒋纬国20岁，蒋介石将他送往德国慕尼黑军事学校。期间纳粹势力扩张，蒋纬国因此有实战经验。23岁时蒋纬国转往美国，接受一年的装甲兵训练，25岁返国参加对日抗战，于青年军历练。战后为装甲兵驻沪代表。1948年32岁的蒋纬国驰援"淮海战役"，正想一展身手，即被召回。1949年他的生父戴传贤因为政府颠顶腐败，痛而"殉国"自尽。1950年蒋纬国升为装甲兵少将司令。他熟谙装甲兵理论、战术观念、建构制度，强化了装甲兵的基础，装甲兵从而被视为他的子弟兵。1953年蒋纬国发生家变，与他结婚九年的妻子石静宜骤逝。1957年蒋纬国与丘爱伦结婚。丘爱伦的母亲是德国人。

1963年蒋纬国离开装甲部队，调任为陆军指挥参谋大学校长，但1964年的"湖口装甲兵事件"，仍无端波及蒋纬国。当时湖口的装甲兵副司令官赵志华，意图挥师北上，兵谏未果。由于蒋纬国是赵志华的老长官，蒋介石和蒋经国为此不满，蒋纬国的职务受到冻结，担任中将长达14年。蒋纬国向来幽默诙谐，私下自嘲"我是中将汤，长年都需要"。1975年8月终于晋升上将。1986年蒋纬国转任"国安会"秘书长，蒋纬国自嘲是"一人之下，无人之上"，只能"管管秘书"。

蒋经国过世两年后，国民党爆发"主流"、"非主流"的政争，1990年在劝进声中，蒋纬国原本有意担任林洋港的副手，搭档竞选正、副"总统"。后来大势已去，不敌李登辉而弃选。晚年的蒋纬国，逐渐露出反对李登辉的情绪，他与另一侄儿蒋孝勇，均对李登辉的政治主张与手段表达不满。1997年他病逝于台北。他生前表示，希望和第一任妻子石静宜同眠于六张犁极乐墓园。

"经文纬武"

蒋介石对两个儿子的栽培，有"经文纬武"的期许。他培育蒋经国在政治上发挥，蒋纬国则完全受军事历练；一文一武，期待能成左右手。蒋纬国虽然不是蒋介石的亲生儿子，但是幼年时调皮有趣，蒋介石十分疼爱他，曾说："经儿可教，纬儿可爱。"蒋介石将他交给偏室姚冶诚养育，姚夫人对纬国视如己出，照顾得无微不至。蒋纬国长大后得知自己不是蒋家亲生骨肉，对姚夫人仍侍奉亲炙。1967年姚夫人病逝台中，蒋纬国在墓碑上镌刻："辛劳八十年，养育半世纪。"

年轻时代的蒋纬国

蒋纬国年轻时的留影。蒋纬国留德留美，为台湾的装甲兵部队打下深厚的基础。按理以蒋纬国的才智与学养，蒋介石应会逐步赋予他重大权位，然而蒋纬国的个性却使蒋介石感到不放心。蒋纬国个性过于外放，逢人笑闹，打成一片，朋友交太多，使蒋介石觉得他不够稳重深沉，而兄长蒋经国更不喜欢他锋芒毕露的公子哥调调。因此 1964 年"湖口装甲兵事件"之后，蒋介石和蒋经国正式冻结了蒋纬国的政治生涯，将他逐出权力核心。蒋纬国以闲云野鹤的心情，当了 14 年中将，才在宋美龄向蒋经国说项之下升为上将。

耿直的生父戴传贤

戴传贤（1890—1949），浙江吴兴人，字季陶，号天仇。戴传贤早年留学日本学习法律，并加入革命。蒋介石抚养蒋纬国，但安排纬国称戴传贤为"亲伯"。蒋纬国长大后，饱受身世流言的困扰，曾亲自前去问戴传贤究竟是不是他的生父，戴未明说，只把镜子给蒋纬国，反问："你说呢？"1949年戴传贤时任考试院长，当时国民党治理的中国，面临空前的混乱，戴传贤深感愧对苍生而痛楚，选择了自杀，震撼全国。后来在台湾，蒋纬国为了纪念父亲，特在东吴大学立"传贤堂"。

与亲爱的大嫂

50 年代，蒋方良正用粉扑补妆时，蒋纬国凑上去抢着拍照。尽管蒋纬国和蒋经国互有嫌隙，但与大嫂仍十分友好。蒋纬国擅长把场面嬉闹得生动趣味，宾主尽欢。然而他结交的朋友面太广，从企业名人到影视名流，都与他熟识友好；这种过于好动的个性，使蒋经国颇为不满。其实蒋纬国深感不得志，只好转为娱乐自己、娱乐大众，于歌台舞榭中排忧解怨。

217

和大嫂、侄女举杯合照

50年代，蒋纬国和大嫂蒋方良、侄女蒋孝章合影。蒋纬国的开怀笑容，是大家最怀念的。许多场合中，总能见到他笑眯眯的风采。他一生讲过的笑话，足以出几本书了。蒋纬国与世无争、幽默风趣、玩世不恭，他的某些笑话，蒋经国听在耳里，也搞不清楚他是安分示好还是语带讥讽。他曾在公开场合耍宝高唱"哥哥爸爸真伟大"。蒋经国就职"总统"时，有人问他感想，他说："我的感想就是我升官了。"旁人问他此话怎讲，他说："我从蒋'总统'的儿子，升为蒋'总统'的弟弟。"晚年时，他说："我这五十余年的军人生涯，参加了抗日和戡乱战役无数次，身上七处刀疤，竟然全都是荣民总医院外科大夫给的，而无一处是敌人子弹伤的！"蒋纬国何曾不想勇赴沙场、直闯最前线。年轻时，蒋介石舍不得他冒险，他自无立功机会；年长后，他被长期架空，所幸有幽默感和朋友相伴。

蒋经国的孪生子

在蒋介石的栽培下，蒋经国在抗战时期主政赣南，他的热情与才华毕露，改革成效得到百姓拥戴，给了他"蒋青天"的绰号。期间，蒋经国的一段婚外情秘史，却被当局刻意掩盖了下来，直到1988年台湾"解严"之后，相关消息方见诸重大媒体。蒋经国的情人是他的秘书章亚若，两人的这段感情，以悲剧收场，1942年章亚若竟离奇死亡。戏剧性的是，过世前她为蒋经国留下了一对双胞胎，蒋介石取名为"孝严"和"孝慈"。

尽管名字是祖父给的，孝严、孝慈两兄弟从小就过着与蒋家隔绝的生活。在蒋家顾及名声的考量下，两兄弟仿佛成为流落于宫廷之外的"乞丐王子"。孝严和孝慈自幼在新竹成长，由二舅和外婆扶养，身份证上的父亲栏填的是大舅"章浩若"，母亲则是舅母"纪琛"。直到两兄弟念高一的时候，外婆才将身世之谜告诉他们，方知生父是"蒋经国"。

台湾在20世纪70年代以前，物质条件不佳，人民普遍生活艰辛，章家自不例外。虽然蒋经国一直委托亲信王昇照顾章家，但章孝严表示童年在新竹的生活可谓"清苦"。更不能平衡的是，他们必须在外人的奇异眼光下生活，饱尝成长的苦涩。

这对兄弟在一路苦读之下，均出人头地。章孝严曾任"外交部长"和国民党秘书长，章孝慈则是东吴大学校长。不幸的是，1996年章孝慈前往北京参加学术交流活动，因脑溢血过世。

对于认祖归宗一事，在蒋经国逝世后，蒋孝武和蒋孝勇曾对章氏兄弟表达善意。蒋孝武表示，认祖归宗是迟早的事，但是蒋方良对蒋经国的婚外情一直颇感痛苦，所以必须等一段时间。然而蒋孝武在1991年猝死，之后蒋孝勇与章孝严产生嫌隙，主因是蒋孝勇质疑章孝严未反对李登辉。1996年蒋孝勇离开人世后，这件事仍然延宕下来。2000年在奉化老家的族长邀请下，章孝严回乡祭拜蒋家祠堂，受到热情接待。

2002年12月，章孝严将身份证的姓名栏改为"蒋孝严"，父母栏更正为"蒋经国"和"章亚若"。他是蒋经国唯一在世的儿子。

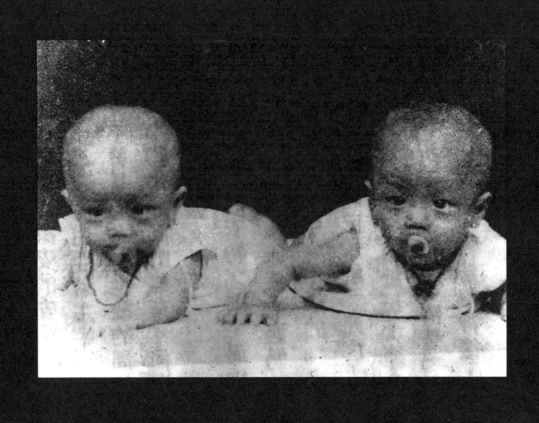

小兄弟飘零出世

1942 年，孝严、孝慈双胞胎兄弟于桂林出生。他们的母亲章亚若的死因有多种说法。

忧郁中有乐观奋发

1966 年章孝严（坐者）、章孝慈在台北市青田街友人家留
影。童年生活虽然清苦，但也锻炼了坚强的人生意志。

227

怀念外婆

1966 年章孝严（右）、章孝慈服完兵役后，在台湾新竹外婆的灵骨塔前合影。由于成长时期父母均不在身边，外婆成了最亲的人。兄弟俩在读高一时，也就是外婆去世前一年的冬天，外婆才把生父之谜告诉他们。

成长的骄傲

1967 年章孝严（右）、章孝慈 25 岁，穿着西装合影，眉宇间清俊自信。后来章孝严前往"外交部"服务，90 年代当上"外交部长"，是著名的政坛才子；章孝慈致力学术，成为法学专家，90 年代任台湾东吴大学校长，治校作风开放，崇尚思想自由。

图书在版编目 (CIP) 数据

蒋家私房照 / 秦风，万康编著 . —杭州： 浙江大学出版社， 2013.10
ISBN 978-7-308-12261-0

Ⅰ．①蒋… Ⅱ．①秦… ②万… Ⅲ．①蒋经国
（1910～1988）－家族－史料－图集 Ⅳ．① K820.9

中国版本图书馆 CIP 数据核字 (2013) 第 219251 号

浙江省版权局著作权合同登记图字：11-2013-198 号
豪门深处
Copyright @ 2012 by 秦风 万康
All Rights Reserved
本书中文简体字版由台湾大地出版社授权出版

蒋家私房照

秦风 万康 编著

丛书策划	黄宝忠	
丛书执行	葛玉丹	
责任编辑	葛玉丹	
装帧设计	彭若东	
出版发行	浙江大学出版社	
	（杭州市天目山路 148 号　邮政编码 310007）	
	（网址：http://www.zjupress.com）	
印　刷	浙江印刷集团有限公司	
开　本	710mm×1000mm　1/16	
印　张	15.75	
字　数	86 千	
版印次	2013 年 10 月第 1 版　2013 年 10 月第 1 次印刷	
书　号	ISBN 978-7-308-12261-0	
定　价	36.00 元